REPETICIONES

ANTÍARA BARONA

Aliarediciones

Corrección: Inés González Calo
Maquetación: Aliar Ediciones
Ilustración de cubierta: Allende Sauras

Segunda edición: abril 2026
Depósito Legal: GR 1633-2025
ISBN: 979-13-88058-15-8

Impreso en España

Edita
ALIAR Ediciones
www.aliarediciones.es
info@aliarediciones.es

REPETICIONES

ANTÍARA BARONA

[…lo único que me queda, después de todo, es un nombre, tan solo un nombre; pero ¿de qué me sirve un nombre?, ¿qué valor posee un nombre?, ¿qué significa o qué designa acaso un nombre?; una maraña, críptico milagro de trazo informe, cumulonimbus de garabatos apelmazados, absurdamente surgidos de la tinta derramada sobre un fragmento de papel…]

PRÓLOGO

Qué ironía la del destino, que todo lo deforma, que todo lo manipula, que todo lo oculta tras las apariencias… qué ironía la suya, que te pone delante, cuando menos lo buscas, aquello que ignorabas necesitar; y qué miserable, y qué ruin, que te lo muestra cuando sabe que no lo vas a poder apreciar con claridad, cuando el cansancio te toma en sus brazos y te mece, arrebatándote las fuerzas, induciéndote al sueño, consciente de que no serás capaz de advertir ni la más explícita señal, imposible discernir el Santo Grial entre tantas copas, hallar el antídoto entre la envenenada multitud, encontrar la aguja en el pajar, desenterrar el sarcófago sepultado bajo la montaña, veta de diamante distendida, preciosa piedra incrustada y para siempre perdida en la roca… no, no para siempre, pues ni el mismísimo destino podría haber previsto el temblor que haría caer los muros, despejando los cielos, quebrando las cadenas, prendiendo fuego a los velos y haciéndonos salir de la caverna para contemplarnos, y aún en el exterior sentirse a salvo, encontrar en ti un refugio, pese al peligro, pese a la oscuridad de la noche, qué más daría la noche, quién podría temer a la noche mientras tú la iluminases; tú, luciérnaga idílica, luciérnaga bucólica, luciérnaga frugálica y exclamativa, siempre tan cercana y siempre capaz de servir con su luz de guía pese a la distancia, y eligiendo siempre la palabra exacta, la palabra correcta, la palabra necesaria... verbo que conforma la conciencia, colección de recuerdos, confesiones manuscritas que guardarás con recelo, y de las que nunca sabré si formo parte; nostalgia compartida, nostalgia que según dijiste te caracteriza, nostalgia que me invade cuando terminan las conversaciones interminables, cuando se agotan las horas inagotables, cuando escucho brotar las últimas palabras desde tu garganta, cálida voz antes de que se apague la voz, agua sagrada y purificadora que mana desde el interior, corriente que cesa y que no volverá a apaciguar mi sed hasta mañana, y qué impaciencia la mía por la llegada de ese mañana, y qué larga la espera, y qué lejano se antoja, lugar que nunca busqué fuera de mí, lugar al que con convicción afirmé no dirigirme, pero anhelo ahora habitar... lugar al cual hoy creo que pertenezco, pese a la certeza de que allí no se me necesita; lugar que es antídoto, aguja, sarcófago y veta de diamante, lugar que eres y que representas y que durante aquellas largas horas en que hablábamos, a causa de la distancia, yo no veía; pero, aun así, sabía que lucía; estaba convencida de que lucía, pues sentía, pese a la lejanía, el calor de aquella luz que todo lo alcanzaba, que lucía y que me servía, y todavía me sirve, de guía; lucía, sé que lucía.

Para ti, Lucía.

I

[...] de cromáticas progresiones vertiginosamente encadenadas, mientras el percusionista observa las muecas que aquel hace mientras toca, muecas irresistibles a través de las cuales pretende este averiguar qué camino tomará aquel, hacia dónde se dirige la melodía, hacia dónde deviene el devenir, como si este se pudiese descifrar, como si pudiese escucharse la música en un gesto, en aquella mueca que acompaña a sus dedos como un espejo, como pulido reflejo del alma, y todavía siempre deslizando los dedos, y mientras tanto yo deslizo los míos por su cuello y los enredo en las raíces de sus rizos como acariciando cicatrices, mas me mantengo en la arena, sin traspasar la orilla, porque recuerdo que no le gusta que la despeinen, pero ella ni se inmuta, ella sigue mirando al pianista, y pasarán todavía largas horas antes de que me confiese lo mucho que le costó mantenerse firme y no girarse; y, aun así, aun confesándomelo, seguirá sin revelarme cuál habría sido el inconveniente de haberse girado, hacia dónde se habría dirigido nuestra melodía, y yo pensaré entonces que quizás tenía miedo de que, al verla volverse hacia mí, yo averiguase alguna cifrada y remotamente oculta intención en su rostro, en una reveladora mueca que desvelase que deseaba lo mismo que yo, y aquello hubiera sido desde luego una tragedia, pues pese a encontrarnos los dos anhelando lo mismo, nos encontrábamos los dos sabiendo que no debíamos recorrer la senda que nos conduciría hasta aquel inhóspito más allá; y aquello hubiera sido desde luego una tragedia, y aquello hubiera sido todo por culpa de una reveladora mueca que desvelase y por culpa de un gesto en el que pudiese escucharse del mismo modo en que escucha el percusionista que, gracias al gesto y a la mueca del pianista, adivina el momento de marcar de nuevo la entrada; y entonces, a un tiempo, volvemos a escuchar el contrabajo, y entonces a un tiempo el saxofón y su dulce y aterciopelado timbre entonando las horas más bajas y sus dedos acariciando las llaves como los martillos acarician las cuerdas y como acarician ahora mis dedos su rodilla, balanceándose una y otra vez arriba y abajo y a un lado y al otro hasta que su mano los envuelve y entonces se calman y se funden con los suyos en un improvisado baile y con *swing* y con *groove* y con la piel erizándose como se nos erizaba ante el cosquilleo de la respiración ajena en el cuello propio —imposible no ceder—, ante el alma propia siendo exhalada y siéndole permitido volar hasta el cuello ajeno convertida en suspiro —imposible no ceder—; imposible no ceder ante un suspiro, un sereno y silbante soplido en el cuello, soplido que es alma, soplido como el que el saxofonista deja volar ahora por el cuello de un saxofón que pierde su dulzura para volverse estridente y quejumbroso y para llorar a través de un brillante chirrido que de primeras hubiera parecido incompatible con el propio latón que lo conforma, latón de aspecto nada brillante y todo apagado; y entonces pienso que ojalá no nos ocurra lo mismo y que ojalá no nos apaguemos con los años, y que ojalá sigamos siempre brillando como brillamos esta noche, brillando como brillamos esta noche, brillando como brillamos esta noche... brillando como brilla la brillante melodía que ahora comienza, brillando como brilla la melodía que en este momento el pianista hilvana, melodía [...]

II

[...] la duda, la misma duda, siempre la misma duda; ingrata duda que no por conocida torna menos afilada, que aun habiendo sido tantas veces formulada sigue sin dejar pasar el aire, y me asfixia, y se me clava, irremisiblemente anudada alrededor del pecho y de la garganta, y lo peor de todo es que la única manera de deshacer la maraña, de despojarse de sus enredos, es ceder y permitir que siga apretando hasta que la fatiga decida inducirla al sueño —eso lo he aprendido con los años—, pero el sueño nunca llega o, si llega, lo hace demasiado tarde, y qué tirria me produce la impuntualidad, y más cuando esta agrava las fisuras, cuando se separa en dos la tierra —insondable abismo— y los árboles comienzan a caer en su interior; es precisamente ahí donde la impuntualidad torna acuciante, donde tomo conciencia de mi situación y me doy cuenta de que la resistencia es inútil, de que de nada sirve tratar de aferrarse cuando no hay asidero alrededor, de que de nada sirve nadar hacia la orilla cuando la marea te arrastra hacia las aguas más graves, hacia las ondas más oscuras, hacia lo más profundo de la conciencia, a los orígenes mismos de la percepción... en fin, la maldita duda, tan tenaz y persistente, y su manía de aparecer cuando menos se la espera y de abrir la puerta sin llamar y de abrirla de una patada y de abrirla de una patada atronadora y de abrirla de una patada atronadora que hace saltar las bisagras y también la manía de entrar arrasando con todo lo que a su paso encuentra —elefanteenunacacharreríaoalgoasí—, y sin preocuparse lo más mínimo por si me importa o si me molesta que esto quede desperdigado en un lugar que no es el suyo, el lugar que con tanto cuidado y dedicación le asigné, o que aquello se caiga y se rompa en mil fragmentos de cristal y que estos salgan volando, desperdigados, estampándose contra las paredes y rompiéndose cada uno de ellos en otros mil pedazos a su vez o, lo que sería aún peor, que se queden en el aire levitando, como colgados de finísimos e invisibles hilos intangibles —sedadegusanodeseda, telarañadeteladearaña—, y desde su inmovilidad me acuchillen y me rasguen la piel haciendo desbordar hasta las entrañas cada vez que intente salir de la habitación, y llenándolo todo de sangre, brillante y reluciente sangre, sangre tan resplandeciente que se vuelve negra, sangre tan negra que casi parece que atesore algún arcano y oculto secreto en su interior, el misterio que más atrapa, el de más compleja resolución, el de mayor interés, enigma que menos desvela pero que más intriga, líquido pegajoso que todo lo ensucia, tibio y denso elixir, sustento para la tierra, alimento para las bestias, sacrificio para los dioses, dioses transformados en bestias, dioses ausentes, dioses que nunca acuden a mi llamada, dioses que me dan la espalda y fingen no escuchar mis plegarias cada vez que me asalta [...]

III

[...] esa misma inocencia con la que expresaste tu sorpresa ante el inmenso alcance de las luces de larga distancia, mientras los reflejos, como ráfagas, que a cada pocos metros nos devolvía el quitamiedos iluminaban intermitentemente tu rostro, dulce y terso lienzo solo profanado por los profundos pigmentos de la noche, quebrada noche bajo la cual nos desplazábamos como arrastradas, como si se nos quisiera hacer salir de allí, como si el tiempo tuviese que pasar, como si el silencio constituyese un pecado, como si ese sosegado y sosegante silencio fomentase el distanciamiento o la lejanía, lejanía irritante, lejanía salvada únicamente mediante palabras vagabundas y danzantes que, como cuchillas, rasgaban los velos y aligeraban el peso del denso y opaco aire que se interponía entre nosotras, aire que, sin embargo, se me antojaba escaso ante la necesidad de una corriente fresca que la emoción, acuciantemente, me imponía, ingrata y desvergonzada exigencia de una eterna bocanada, de una aspiración tan amplia que engullese, junto a los nervios, la espiral de destellos huracanados que lanzaba la altísima y altanera luna sobre la luna de cristal, cristal manchado y opacado por la fina lluvia —lamentodelosángelestransmutadoenlágrimas— pero que, sin embargo, no nos impedía avanzar; y a ciegas avanzábamos, confiando en el camino que se nos daba y que nos guiaba de manera inexorable hacia el encuentro, poco después, al llegar a casa, bajar del coche, subir las escaleras, fielmente entregadas a la pausa, recíprocamente dispuestas a aceptar la espera como necesaria, imprescindible, incontingente, deliciosa… descubrir las sábanas y cerrar los ojos, con fuerza, apretar los labios, volver a aflojarlos para pronunciar una frase vacía, *horror vacui* desmedido, desinteresada mención al frío, perder la voz y encontrar cobijo entre tus brazos, hermético sellado, caricia instintiva y jamás premeditada, magnética atracción entre dos cuerpos, respiraciones enfrentadas, miradas mutuas mas en la oscuridad perdidas, repentina intranquilidad, miedo ante lo desconocido, desconsuelo por no verte pese a tenerte tan cerca, y entonces la calma, la calma tras sentirte, milagroso tacto, piel, contacto que nos hace presentes, que nos conecta y nos acerca, pero aun así querer sentirte más cerca, tan cerca que ni sumergiéndome de lleno en el hogar que me proporcionas podría conseguir sentirme tan a salvo como quisiera… desear que la noche no termine nunca, que no nos abandone la penumbra, huérfanas de la luna —sombrasentrelassombras—, y que no se nos lleve consigo la duermevela, siempre dispuesta a apagar la mecha de un soplido, prometedora de falsas ilusiones, arrebatadora de esperanzas; y es que el tiempo pasa tan lento en la memoria, siempre infiel, y es que resulta tan curioso cómo se congelan los recuerdos cuando se acerca el sueño, cuando nos aborda, cuando nos atrapa… y míralo, aquí viene, aquí se nos lleva, aquí nos somete, aquí aparece para frenar el movimiento de nuestros dedos, para arrancar de cuajo las raíces de cada caricia, y no podemos hacer nada porque nos alcanza desarmadas —malahierba— y no nos deja más opción que acompañarlo, pues nos encuentra incluso en esta gruesa oscuridad que nos oculta, oscuridad tras la cual nos escondemos, y pienso en que no quiero dejar de sentirte cuando me despierte, y por eso me aferro a los fragmentos que de la noche ya vivida todavía conservo, reteniéndolos y guardándolos con cuidado, con tanto cuidado, para que ninguno de ellos se estropee, para que ninguno de ellos se deforme, para que ninguno de ellos se quede fuera, y para ello los repaso uno a uno, como si redactase un testamento, y bien necesario es empezar por el principio, por el momento en que por vez primera comprendí que el universo entero se encontraba en tu mirada, que el sentido acerca del cual tanto se ha escrito y que tanto ha ansiado descubrir el hombre no se esconde en ningún otro lugar más que en tu rostro, que la Belleza, con mayúscula, ha vivido eternamente refugiada en tu inocencia, en esa peculiar inocencia que tanto te caracteriza, en [...]

IV

[...] demasiado pequeña para comprenderlo, demasiado ingenua, de la verdad indigna, especie protegida, atrapada en la inocencia, dominada por la ternura, escurridiza al alba y al contrario cuando lo contrario; ¡ay! despertar febril en mitad de la noche, no alcanzar a distinguir si el sol se pone o si amanece, desconocedora de los senderos que el astro rey nunca nos muestra pero no obstante siempre recorre, pedir auxilio desde la cama, tan fría, desear que vengan a cubrirnos con una cobija a mí y a mis temores, desear que enciendan una lámpara cuya lumbre ahuyente de un fogonazo a todos los monstruos, infames devoradores de pesadillas, y que estos dejen tras de sí tan solo el roído y deshilachado algodón —¿enhebrar ancestral de una delicada aguja ante el hogar?—, maraña bajo la cual esconder el rostro para que no me encuentren, que no me encuentren, sobre todo que no me encuentren, no hacer ruido, cuidar la pausa al respirar y no mover ni un dedo, como si no estuviese aquí, no pueden saber que estoy aquí —¿es que acaso estoy aquí?—, no hasta que la luz se encienda y todo lo bañe, no hasta que incluso el último centímetro de mi piel se haya cubierto bajo su manto, no hasta que todo haya pasado y ¡ay!, que todo pase, que pase rápido, que todo pase, o que al menos se me lleve consigo la fiebre, de la mano y a un mismo paso al inframundo, donde las pesadillas dejan de atormentar y los monstruos acechan pero no devoran, instintivo sentimiento de hermandad entre desterrados, y llegar hasta la orilla del Estigia —¿vestigios, delirios, deshechos?— donde Caronte balancea su barca del mismo modo en que se mece una cuna vacía, lechodemuerte, lechematerna, sinónimos irreconciliables, alegoría tan básica que a cualquier mortal resultaría insignificante, pero no a los dioses, modelos nunca ejemplares, indirectos artífices de nuestras fechorías, pero ¿de qué crimen se me acusa?, ¿qué pecado he cometido?, ¿merezco acaso estas quimeras que la fiebre me otorga? —No te confundas, solo te muestra lo que se esconde...—, ¿detrás del telón?, ¿en el falso fondo del arcón?, ¿o debajo de la cobija que todavía no me cubre?; las discusiones metafísicas ya pasaron de moda, ya no atraen la atención ni de quienes las formulan, y lo más probable es que algún día se confirme que no llevan a ninguna parte —pero lo verdaderamente importante es el camino y no a dónde se llega etcétera etcétera etcétera—, por mucho que se llenen la boca con utopías y con aquello de que todo suma y aquello de que la acumulación hace el progreso y que cuán necesario es el progreso, y en realidad nadie tiene muy claro hacia dónde se progresa, si es hacia adelante, hacia arriba o hacia adentro, y ojalá todos dejasen de mirar hacia fuera y volcasen sus perspectivas hacia adentro, ya que tan solo en la soledad se encuentra sentido frente al vacío —pero

¿qué digo...?— no me hagáis caso, pues desvarío, y hasta que no se enfríe mi frente no seré capaz de pensar con claridad, de reconocer mis errores, de afirmar con contundencia que ninguna de las sentencias que pueda a lo largo de mi vida pronunciar deberán servir para guiar la existencia de nadie, que mi existencia entera supone una farsa, ceniza en el aire, reflejo en el agua, adalid carente de atributos mesiánicos, consciente tan solo de haber fracasado en la elección de mis creencias —orgiástica y lasciva purificación de mis carencias— y ¡ay!, ojalá me hubiera dado cuenta antes, ojalá hubiese estado más atenta, ojalá hubiese escuchado cuando me decían que para la expiación a cada día que pasa se hace más tarde; pero por aquel entonces era todavía [...]

V

[...] que cada vez que nos separamos comienza a llover; como si el cielo no pudiese soportarlo, como si los ángeles, derrotados ante una escena dominada por semejante crueldad, dejasen caer sus lágrimas hasta nuestro mundo en señal de condolencia y fraternidad; y, la verdad, me cuesta sudor no identificarme, no verter mis lágrimas junto a las suyas, no dejarme llevar e inmiscuirme en sus divinas ceremonias, intrusa, ajena, polizón a bordo del arca, todo por acercarme lo más mínimo a lo celestial, a aquel otro mundo que tanto me recuerda a ti, que tan hermoso se describe y que tan pobre se percibe a tu lado, ese otro mundo en el que nunca llueve... y la verdad es que no recuerdo si llovía la primera vez, el primer día, la primera noche, si llovía mientras sonaba aquella canción tan sugerente, aquella canción en la que la pregunta lanzada cuestionaba ni más ni menos que el mismísimo sentido de la creación, y qué obvio y qué desgastado y qué absurdo y qué falso y qué ambicioso sonaría decir que en aquel momento me di cuenta de que el sentido de toda la creación nunca fue otro que no fuese el de estar contigo... ¿tantos billones de años orientados a un simple beso?, un simple beso —unión atómica— justo al entrar, después de que me abrieras la puerta, desfallecer, y después una sonrisa, leve gesto de aprobación en mitad de la noche, consciencia de que todo está bien, pensamientos acusatorios: «todo parece ser como debe ser, estoy donde quiero —y debo— estar»; lo sabíamos, lo sabíamos desde el principio, lo teníamos tan claro… qué locuaz el pensamiento cuando se trata de encontrar argumentos para sustentar una conclusión deseada de antemano, para convencernos de lo que ya estábamos convencidos mucho antes de empezar a divagar, desde el comienzo de los tiempos, desde el mismísimo día de la creación, desde el surgimiento del otro mundo, del sentido, de la direccionalidad, de lo que quiera que sea aquello a lo que llamamos Historia, y cuyo único objetivo es el de orientarse a que la lluvia conlleve el llanto, y el llanto las lágrimas, y que las lágrimas traigan consigo lo divino para, allí, a ti encontrarte; y no sé qué sucederá cuando, mañana, volvamos a vernos, pues nada aseguran los vientos, sentencias de los oráculos, ante el reencuentro; a veces truena, otras se despeja la cúpula en toda su hilaridad; y lo único que sí está claro, sin embargo, es […]

VI

[...] tan imprevisible, tan impersonal, de límites intangibles; pero entonces vuelvo en mí y, debatiéndome entre la molestia y el hastío, le digo, «de verdad que no entiendo cómo eres capaz de soportar semejante penitencia», aunque él ni siquiera me dirige la mirada, que mantiene anclada en algún punto incierto situado al otro lado del cristal, y se limita a permanecer en silencio, impostando una leve mueca quién sabe si de sorpresa o de asombro, o quizás —lo más probable— de indiferencia, mientras levanta levemente los hombros y arquea las cejas, pero sin dejar de mirar lo que sea que esté mirando, y entonces le digo que ahí no va a encontrar lo que busca, que la respuesta a mi pregunta no se encuentra al otro lado de la calle, de esa calle sucia y repleta de coches y de autobuses y de pitidos y bocinas y gritos y gente cansada de sus rutinas y de sus vidas y de sí mismas, pero parece no importarle nada de lo que digo, víctima de su propia ilusión, depositante de toda su fe en una idea que ni siquiera comparte, vete a saber, la idea de que enelfondonoseestátanmal, la idea de que podríaserpeor —consuelodemuchos, creo que se decía—; pero qué más da, si diga lo que diga no va a cambiar de opinión, si aunque cambie de opinión no trazará un nuevo plan, si aunque trace un nuevo plan no lo llevará jamás a la praxis, y seguirá sumido siempre en la misma miseria, siempre sentado e inmóvil buscando respuestas en algún punto perdido al otro lado de la calle, de esa calle sucia y repleta de coches y de autobuses y de…; siempre permaneciendo animal acuático sin memoria e inmerso en el centro de un inmenso océano de asfalto y alquitrán, océano de colillas y trapos usados y vertederos, océano ajetreado e imprevisible, océano impersonal y de límites intangibles; y entonces lo miro y percibo en su mirada el marcado síntoma de la asunción de la decadencia, la peor enfermedad que se pueda en vida contraer, y me doy cuenta de que él ya se considera vencido, se siente cómodo en la aceptación de la derrota, y me pregunto qué será de él cuando yo me haya marchado, pero mientras tanto él sigue mirando el mismo punto fijo al otro lado de… y, sin saber muy bien por qué, decido dirigir también la mirada hacia aquel lugar, como si desease también encontrar una respuesta que ni necesito ni espero para todas las preguntas que nunca he formulado, y así pues miro y permanezco inmóvil, concentrada, y no me fijo en nada concreto pero continúo observando, escudriñando, y me pregunto a mí misma si cabría la posibilidad de que yo acabase también así, como él vencida, y por un momento incluso dudo, pero cuando lo pienso con un poco más de calma, quizás hasta con cierto grado de irónica frialdad, automáticamente me convenzo —como si necesitase acaso convencerme de ello— de que no sucederá, de que yo sería incapaz de vivir en una ciudad tan ajetreada como esta, […]

VII

[...] como el de aquella noche en que me quedé dormida apenas unos minutos antes de que llegaras; y tú allí llamando, golpeando el picaporte con decreciente delicadeza, incrementando la intensidad y recortando los intervalos de la repetición conforme ibas asumiendo que nadie abriría aquella puerta, y yo inconsciente, en algún lugar ajeno a la presencia, sin ser capaz de imaginarme cuánto me arrepentiría de haber cerrado entonces los ojos, iban a ser tan solo unos segundos, te lo prometo, pero es que estaba tan cansada... solo un instante de reposo, dejar caer los párpados como guillotinas y levantar de nuevo la cuchilla en cuanto se hubiese producido el corte; pero nadie tiró de la cuerda, nadie esperaba una segunda ejecución, y para qué limpiar entonces el reguero de sangre que desde el cadalso manaba, para qué recoger los restos, para qué vaciar la cesta, si lo que la muchedumbre ansía es simplemente contemplar una cabeza, la cabeza desprendida, el final de una vida considerada por quiénsabequién como innecesaria, última inhalación antes de la partida, acceso al inframundo, reino de los incomprendidos, ¿me dirigiría yo hacia allí...?, tal vez, pero seguiría desde luego un camino distinto, el camino de quien abandona el presente para zambullirse en el recuerdo, salvaguarda de todos los posibles futuros no realizados, abandonados a la mera condición de la probabilidad, probabilidad no factificada pero probable, futuros reducidos a porcentajes, a ramificaciones de un esquema, a fragmentos recortados de un gráfico, alternativas en lucha con la realidad, pero siempre enfrentadas a esta, incapaces de convivir en paz, de pactar una tregua, de firmar un armisticio, del mismo modo en que soy incapaz yo de firmarlo con la noche, noche que siempre me vence, noche que nunca se acaba, noche que me condena a acaparar para mí toda derrota, a transmigrar mi alma en el significado mismo de la derrota —esencia-sinesencia por antonomasia—, siempre sometida, siempre subyugada y con diferencia preferiría aniquilada; y la única batalla que considero ganada consiste en despertar a mitad de noche sin saber dónde me encuentro, pero la victoria es una falacia, pues el recobrar la conciencia solo trae consigo un nuevo lamento, el de saberme presa del sueño, el de comprender que ya lo he perdido todo, que no hay nada que pueda hacer, que es inútil la resistencia… y qué casualidad que esta misma noche me haya despertado a la misma hora, en el mismo punto exacto de la madrugada, y no me haya quedado más remedio que quedarme hasta el alba contemplando una habitación sorprendentemente casi vacía, y qué incómodo esto de desvelarse, y qué incómodo despertar y sentir que en el mundo una está sola, qué incómodo sentirse abandonada y darse cuenta de que el vacío que crece en el pecho es tan inmenso como el de aquella vez, […]

VIII

[…] lo único que necesitaba era escuchar tu voz, cerrar los ojos y escuchar tu voz, sentirte cerca, imaginar que estabas a mi lado, acostada junto a mí, llenando el inmenso vacío de mi pequeña cama individual, ocupando el hueco que para ti había reservado en el colchón, aquellos pocos centímetros que, sin embargo, tan amplios se me antojaban enfrente, extendiéndose hasta el infinito y dilatando el espacio, interminable, inabarcable, inalcanzable… si tan solo me hubieras concedido un instante, un susurro, un murmullo, un hilo de voz —breve exhalación del alma—, entonces mi imaginación habría hecho el resto, y te habría podido abrazar allí, en la oscuridad, apretarte contra mi pecho, tenerte tan cerca que casi nos confundiéramos, tan cerca que incluso hubiera podido llegar a percibir tu respiración tratando de robarme el aire; y te aseguro que con eso me habría bastado, un puñado de palabras habría sido suficiente para calmarme, para hacerme olvidar todo aquello que quería olvidar, para dejar atrás el miedo y cerrarle el grifo al llanto, a aquel mismo llanto a causa del cual decías estar preocupada y no querer colgar, aquel mismo llanto que te llevó a preguntarme qué necesitaba, que si había algo que pudieras hacer por mí, que ojalá me pudieses ayudar, pero entonces te ruego que me hables y, acto seguido, tú te quedas callada, cuando […]

IX

[...] frente a los naranjos, resplandeciente como siempre, pese al frío, reflectante de la débil y pálida luz blanquecina, la única que aquel sol de invierno nos podía ofrecer, y aun así con la sonrisa más sincera, y con la mirada más profunda —tan profunda que resultaría costoso no perderse en ella—; y en un momento y sin transiciones aquello acerca de las suculentas y de lo bien que resisten a las heladas, y quizás un par de versos que ahora mismo no recuerdo, y mientras tanto tú allí parada, y yo rumiando el mismo pensamiento intrusivo que siempre retorna, que me hace volver —una y otra vez— a volver empezar —una y otra vez— la página desde el principio, y que me recuerda que debería organizar un poco mejor mis recuerdos antes de ponerme a escribir, pero entonces que qué importa todo eso si ni siquiera soy capaz de hacerlos pervivir en mi memoria con claridad —¡ay de mi memoria, pésima redentora, recipiente agujereado por los alfileres de la desdicha y la desfachatez!—, y de repente y al mismo tiempo que cuán vacía la habitación, que qué pequeña se siente ahora que te has ido, y que parece que el hueco que dejaste lo haya devorado el frío —y es que hace tanto frío...—; creo que alguien me arrebató todas las cobijas, pero es lo de menos, pues lo que más me aterra es que al salir apagó la luz —y lo de que tú la luz de un faro en la obscuridad de la noche y la inmensidad del mar mejor entre guiones—, metáfora barata y desnutrida... y así, como Horacio, me digo: «date cuenta, amiga, estás perdiendo facultades», y me contesto que será por el hambre, y me pregunto en qué quedó todo aquello de los naranjos, y qué tendrá que ver que esté ahora mismo yo acá, escribiendo estas líneas, con que estuvieras —o estuvieses o hubieses estado o hubieses o quizás hubieras debido estar— entonces tú allá, parada [...]

X

[...] lo único que me queda, después de todo, es un nombre, tan solo un nombre; pero ¿de qué me sirve un nombre?, ¿qué valor posee un nombre?, ¿qué significa o qué designa acaso un nombre?; una maraña, críptico milagro de trazo informe, cumulonimbus de garabatos apelmazados, absurdamente surgidos de la tinta derramada sobre un fragmento de papel... y, créeme, todavía conservo aquel papel, aquel pedazo de página arrancado sin el menor cuidado, pero de corte sorprendentemente perpendicular, aquella delgada lámina arrugada, descubierta y replegada tantas veces durante los días de lluvia, en las horas inundadas por el agrio aroma a perdido afecto y presente soledad; aquel soporte frágil y efímero, condenado sin remedio a la volatilización, pero que sin embargo todavía contiene lo único que hoy queda en mí de ti: un nombre, un nombre asimismo frágil y efímero, en el recuerdo destinado al incendio y a la combustión, nombre a las llamas de la nostalgia consagrado, a esas blanquecinas y desenfocadas llamas que desde entonces todo iluminan, todo funden y todo queman... y, créeme, no sabes cuánto queman ahora, en este preciso instante, en esta duermevela en la que el sueño, tan tangible y tan cercano, repentinamente se yergue transfigurado en realidad, convertido en morada de dioses, en punto de encuentro de todas las almas, en centro convergente de todas las líneas temporales, en ilocalizable coordenada en la que el mundo y el universo entero implosionarán, haciendo desaparecer todo cuanto haya existido, todo cuanto pudiese haber llegado a existir, todo cuanto poseyese en sí, de la existencia, la potencia, y no dejarán tras la catástrofe ni las huellas, ni los restos, ni las cenizas... no quedará, después de todo, nada más que un nombre, un nombre abandonado, un nombre que no podrá por nadie ser escrito, un nombre que nadie podrá pronunciar, un nombre a nadie atribuido, un nombre que, conteniendo en su interior tu recuerdo, no lograré recordar tras despertar; un nombre que se desvanecerá, víctima de la nada, perdido pese a ser lo único que exista, un nombre desvencijado para siempre, despedazado y convertido en chatarra, basura existencial, un nombre que constituirá el fin de una era, el culmen de la Historia, cima del Olimpo, último pedrusco ante el precipicio, último resquicio al que aferrarse antes de caer, último Dios al que rezar... un nombre cuya única posibilidad de supervivencia residirá en la esperanza albergada en la repetición, en el deseo de dejar abierta la puerta ante su factibilidad, en la desesperada creencia de que esta todavía podría ser capaz de renegar de cualquier final y de depositar toda existencia en el cíclico retorno del devenir, devenir en el cual, sin saberlo, de nuevo nos encontraremos, devenir en el que volverás una y otra vez a escribir tu nombre para mí, devenir en el que una y otra vez me entregarás el mismo frágil y efímero fragmento de papel, la misma delgada lámina arrugada que tantas veces descubriré y replegaré durante los días de lluvia, durante las horas inundadas por el agrio aroma a perdido afecto y presente soledad… horas como las de ahora, en las que […]

…una y otra vez pronunciaré tu nombre, un nombre que evocará en mi interior, sin yo saberlo, tu presencia, un nombre que conmoverá a la humanidad, un nombre que hará temblar el universo, un nombre que hará girar en dirección opuesta los engranajes del tiempo, un nombre que cambiará para siempre el sentido atribuido a lo que quiera que sea un nombre.

Un nombre capaz de iluminar incluso la más nocturna oscuridad.

EPÍLOGO

¡Ay, qué atracción la de la voluntad hacia el acto de complicar las cosas, de ponerlo todo patas arriba y de acomodarse, mirándonos por encima del hombro, para contemplar el mundo arder! Y, en realidad, la comprendo; y simpatizo con ella, pues la belleza que con tanto vigor se injerta en el caos no está presente en ninguna otra parte conocida aún, más que en aquellos lugares que de aquel son sinónimos, aquellos vacíos legales en los que la estabilidad de la rutina de lo cotidiano se ve interrumpida, o entorpecida al menos —truncada, quebrada, mutilada... o puesta del revés—; qué manera de complicar las cosas... qué incomodidad subyace en la readaptación, pero qué bonita se ve desde allí la guerra, cuán resplandeciente se nos muestra la revolución...; ¿a qué demonios nos referimos cuando utilizamos la expresión de complicar las cosas?, ¿acaso resulta más complicado vivir en la acción que en la complacencia?, ¿no es acaso la primera opción más entretenida? Arriesgada, desde luego, pero qué sería de la existencia sin el peligro, sin el riesgo de que todo cambie de lugar... ¿acaso tememos quedarnos fuera de lugar?, como si fuera posible hallarnos en ninguna parte; quizás se nos desplace y se nos condene a habitar allí donde nadie nos espera, pero de cualquier manera habitaríamos, nos hallaríamos, seríamos... de alguna forma, y qué mejor manera de habitar, de hallarse, de ser, que allí donde no se nos espera; irrupción, aparición, entrada triunfal en la ciudad recién conquistada, coronación divina nada más haber cruzado el umbral, traspasado la frontera, sorteado los restos de los muros derribados; consagración a lo advenido, entrega en cuerpo y alma, sacrificio ante el sacrilegio, transgresión de los dogmas… en fin, ya no sé ni acerca de qué os estoy hablando —¿a quién le estoy hablando?—, he perdido el hilo, aquel hilo que las parcas tensaron hace ya demasiadas lunas, aquel que cortarán cuando se les venga en gana, sin atender a normas ni a principios, sino simple y llanamente siguiendo su voluntad, esa misma voluntad de complicar las cosas, de ponerlo todo patas arriba y de acomodarse, mirándonos por encima del hombro, para contemplar el mundo arder.

ÍNDICE

Este libro se terminó de editar en Granada
en abril de 2026 por

Aliarediciones

www.aliarediciones.es
info@aliarediciones.es